Apprentissage Accéléré de l'Anglais

Les 1000 Mots Les Plus Courants à Connaître en Anglais

(Guide de Vocabulaire Indispensable pour Débutant)

Pierre Ray

APPRENTISSAGE ACCÉLÉRÉ DE L'ANGLAIS

5

TABLE DES MATIÈRES

INTRODUCTION

L'apprentissage des langues ne doit pas être aussi fastidieux et compliqué que ce que proposent les écoles traditionnelles et les applications mobiles d'apprentissage de langues. Je me souviens de mes professeurs de langues qui insistaient sur l'importance de nous faire mémoriser la conjugaison de l'entièreté des verbes dans tous les temps possibles, ainsi que les verbes irréguliers. Il était attendu de notre part de connaître tous les mots du dictionnaire anglais pour avoir un vocabulaire "complet" et varié et bien sûr, d'avoir la prononciation d'un locuteur natif. Cette méthode d'enseignement suggère que l'apprentissage des langues est une tâche énorme, une qui doit forcément nécessiter des nombreuses années avant même de considérer d'aller tenter une conversation en anglais dans la vraie vie.

Je suis ici pour vous montrer une autre façon. Je veux vous présenter la méthode que j'utilise chaque fois que je déménage ou voyage dans un nouveau pays. Cette méthode est la façon la plus efficace pour saisir, comprendre et parler une grande majorité d'une nouvelle langue avec le moins d'effort possible. Avant d'aller de l'avant et de présenter la méthode, je tiens à préciser que je ne veux nullement suggérer que l'apprentissage approfondi des langues est une perte de temps. L'anglais est une belle langue riche et pleine de subtilités et mérite d'être étudiée. Mais notre objectif ici est d'apprendre le plus d'anglais possible dans le moins de temps possible. Pour cela, il n'y a pas de meilleure technique que celle que je vais vous enseigner.

Permettez-moi de vous expliquer la prémisse de la méthode. Il y a 171 476 mots en anglais. Apprendre l'intégralité de ces mots serait en effet une tâche assez ardue. Et bien, j'apporte de bonnes nouvelles. Des études ont montré que 3000 mots couvriront 95% de l'écriture quotidienne, comme des livres, des articles, des journaux, des blogs, des films, etc. Encore mieux, sur ces 3000 mots, seuls les 1000 premiers mots sont utilisés dans 89% de la rédaction quotidienne. Par conséquent, la marque de 1000 mots est le point où vous obtenez le plus de résultats pour le moins d'efforts. En termes économiques, c'est le point de diminuer le retour sur votre investissement en temps.

Cette distribution inégale est appelée le principe de Pareto, également connu sous le nom de règle 80/20. Ce principe serait apparu lorsqu'un économiste du nom de Vilfredo Pareto a remarqué que 20% des gousses de pois de son jardin fournissaient 80% des pois. Cette découverte a conduit à une autre observation similaire, à plus grande échelle: 20% de la population italienne possédait 80% des terres. De nos jours, nous reconnaissons ce phénomène partout dans la nature. Les 20% les plus riches des humains possèdent 80% des richesses du monde. 20% des travailleurs produisent 80% des résultats. Les gens portent 20% de leurs vêtements 80% du temps. Et, comme vous l'avez deviné, 20% des mots sont prononcés 80% du temps.

J'espère que cette notion vous a enthousiasmé autant que pour moi lorsque j'ai découvert pour la première fois cette répartition inégale des mots dans une langue.

Regardons ça d'une autre manière. Disons que vous avez un prochain voyage en Angleterre dans 10 jours. En écoutant 1 chapitre de ce livre audio par jour jusqu'à votre départ autant de fois qu'il vous faut pour vous souvenir des mots, vous pourriez apprendre 89% de l'anglais en 10 jours. C'est un objectif ambitieux et entièrement réalisable.

Allons-nous commencer?

Let's get started!

CHAPITRE 1: MOTS 1 - 100

Comme – As

Je – I

Son – His

Que – That

Il – He

Était – Was

Pour – For

Sur – On

Sont – Are

Avec – With

Ils – They

Être – Be

À – At

Un – One

Avoir – Have

Ce – This

À partir de – From

Par – By

Chaud – Hot

Mot – Word

Mais – But

Que – What

Certains – Some

Est – Is

Il – He

Vous – You

Ou – Or

Eu – Had

La – The

De – Of

À – To

Et – And

Un – A

Dans – In

Nous – We

Boîte - Box

Dehors – Outside

Autre – Other

Étaient – Were

Qui – Which

Faire – Do

Leur – Their

Temps – Time

Si – If

Volonté – Will

Comment – How

Dit – Said

Un – An

Chaque – Each

Dire – Tell

Ne – Not

Ensemble – Set

Trois – Three

Vouloir – Want

Air – Air

Bien – Well

Aussi – Also

Jouer – Play

Petit – Small

Fin – End

Mettre – Put

Maison – Home

Lire – Read

Main – Hand

Port – Port

Grand – Large

Épeler – Spell

Ajouter – Add

Même – Even / Same

Terre – Land

Ici – Here

Il faut – Must

Grand – Big

Haut – High

Tel – Such

Suivre – Follow

Acte – Act

Pourquoi – Why

Interroger – Ask

Hommes – Men

Changement – Change

Est allé – Went

Lumière – Light

Genre –Kind

De – Off

Besoin – Need

Maison – House

Image – Picture

Essayer – Try

Nous – Us

Encore – Again

Animal - Animal

Point – Point

Mère – Mother

Monde – World

Près de – Near

Construire – Build

Soi – Self

Terre – Earth

Père – Father

QUIZ DE FIN DU CHAPITRE # 1

Ceci marque la fin du Chapitre 1. C'est maintenant le moment de vous tester. Nous aurons un petit quiz de 10 questions à la fin de chaque chapitre pour s'assurer que vous suivez correctement. Lorsque vous obtenez 10/10, vous êtes prêt à passer au chapitre suivant. Consultez le dernier chapitre pour voir les réponses. Pas de tricherie!

1. Comment dites-vous *comme* en anglais?

   ____

2. Que signifie *from*?

   ____

3. Traduisez *besoin* en anglais.

   ____

4. Quelle est la traduction de *men* en français?

   ____

5. Écrivez le mot anglais pour *ici*.

   ____

6. Comment dit-on *maison* en anglais?

   ____

7. Traduisez le verbe *follow*.

   ____

8. Quelle est la traduction du verbe *vouloir* en anglais?

____

9. Que signifie *a kind* en français?

____

10. Traduisez le mot *lumière* en anglais.

____

CHAPITRE 2: MOTS 101 - 200

Tout – All

Nouveau – New

Travail – Work

Partie – Part

Prendre – Take

Obtenir – Get

Lieu – Place

Fabriqué – Made

Vivre – Live

Où – Where

Après – After

Arrière – Back

Peu – Little

Seulement – Only

Tour – Round

Homme – Man

Année – Year

Est venu – Came

Montrer – Show

Tous – Every

Bon – Good

Moi – Me

Donner – Give

Notre – Our

Sous – Under

Nom – Name

Très – Very

Par – Through

Juste – Just

Forme – Form

Phrase – Sentence

Grand – Great

Penser – Think

Dire – Say

Aider – Help

Faible – Weak

Ligne – Line

Différer – Differ

Tour – Turn

La cause – Cause

Beaucoup – Much

Signifier – Mean

Avant – Before

Déménagement – Move

Droit – Right

Garçon – Boy

Vieux – Old

Trop – Too

Même – Same

Elle – She

Tous – All

Là – There

Quand – When

Jusqu'à – Up to

Utiliser – Use

Votre – Your

Manière – Way

Sur – On

Beaucoup – Many

Puis – Then

Les – Them

Écrire – Write

Voudrais – Would

Comme – Like

Si – So

Ces – These

Son – Her

Long – Long

Faire – Make

Chose – Thing

Voir – See

Lui – Him

Deux – Two

A – Has

Regarder – Look

Plus – More

Jour – Day

Pourrait – Could

Aller – Go

Venir – Come

Fait – Did

Nombre – Number

Son – Sound

Aucun – No

Plus – Most

Personnes – People

Ma – My

Sur – Over

Savoir – To know

Eau – Water

Que – Than

Appel – Call

Première – First

Qui – Who

Peut – Can

Vers le bas – Down

Côté – Side

Été – Been

Maintenant – Now

Trouver – Find

QUIZ DE FIN DU CHAPITRE # 2

1. Comment dit-on *travail* en anglais?

   ____

2. Que signifie *only*?

   ____

3. Traduisez *par* en anglais.

   ____

4. Qu'est-ce que le nom *move* signifie en français?

   ____

5. Écrivez le mot anglais pour dire *même*.

   ____

6. Comment dit-on *là* en anglais?

   ____

7. Traduisez *people* en français.

   ____

8. Quelle est la traduction du mot *eau* en anglais?

   ____

9. Que signifie *thing* en français?

   ____

10. Traduisez le mot *maintenant* en anglais.

   ____

Les réponses se trouvent à la fin du livre.

CHAPITRE 3: MOTS 201 – 300

Tête – Head

Supporter – Stand

Propre – Own

Page – Page

Devrait – Should

Pays – Country

Trouvé – Found

Réponse – Answer

École – School

Croître – Grow

Étude – Study

Encore – Still

Apprendre – Learn

Usine – Factory

Couvercle – Cover

Nourriture – Food

Soleil – Sun

Quatre – Four

Entre – Between

État – State

Garder – Keep

Œil – Eye

Jamais – Never

Dernier – Last

Laisser – Let

Pensée – Thought

Ville – City

Arbre – Tree

Traverser – Cross

Ferme – Farm

Dur – Hard

Début – Start

Pouvoir – Power

Histoire – Story

Scie – Saw

Loin – Far

Mer – Sea

Tirer – Draw

Gauche – Left

Tard – Late

Courir – Run

Ne pas – Don't

Tandis que – While

Presse – Press

Proche – Close

Nuit – Night

Réel – Real

Vie – Life

Peu – Few

Nord – North

Livre – Book

Porter – Carry

A pris – Took

Science – Science

Manger – Eat

Chambre – Room

Ami – Friend

A commencé – Began

Idée – Idea

Poisson – Fish

Montagne – Mountain

Arrêtez – Stop

Une fois – Once

Base – Base

Entendre – Hear

Cheval – Horse

Coupe – Cut

Sûr – Sure

Regarder – Watch

Couleur – Color

Face – Face

Bois – Wood

Principal – Main

Ouvert – Open

Paraître – Seem

Ensemble – Together

Suivant – Next

Blanc – White

Enfants – Children

Commencer – Begin

Eu – Got

Marcher – Walk

Exemple – Example

Facilité – Ease

Papier – Paper

Groupe – Group

Toujours – Always

Musique – Music

Ceux – Those

Tous les deux – Both

Marque – Mark

Souvent – Often

Lettre – Letter

Jusqu'à ce que – Until

Mile – Mile

Rivière – River

Voiture – Car

Pieds – Feet

Soins – Care

Deuxième – Second

QUIZ DE FIN DU CHAPITRE # 3

1. Comment dit-on *apprendre* en anglais?

    ____

2. Que signifie *never*?

    ____

3. Traduisez *pensée* en anglais.

    ____

4. Qu'est-ce que *story* signifie en français?

    ____

5. Écrivez le mot anglais pour dire *loin*.

    ____

6. Comment dit-on *nuit* en anglais?

    ____

7. Traduisez *room* en français.

    ____

8. Quelle est la traduction de *arrêtez* en anglais?

    ____

9. Que signifie *together* en français?

    ____

10. Traduisez *tous les deux* en anglais.

    ____

Les réponses se trouvent à la fin du livre.

CHAPITRE 4: MOTS 301 - 400

Assez – Enough

Plaine – Plain

Fille – Girl

Habituel – Usual

Jeune – Young

Prêt – Ready

Au-dessus – Above

Jamais – Ever

Rouge – Red

Liste – List

Bien que – Though

Sentir – Feel

Parler – Talk

Oiseau – Bird

Bientôt – Soon

Corps – Body

Chien – Dog

Famille – Family

Direct – Direct

Pose – Pose

Laisser – Leave

Chanson – Song

Mesurer – Measure

Porte – Door

Produit – Product

Noir – Black

Court – Short

Chiffre – Numeral

Classe – Class

Vent – Wind

Question – Question

Arriver – To arrive

Complète – Complete

Navire – Ship

Zone – Area

Moitié – Half

Rock – Rock

Ordre – Order

Feu – Fire

Sud – South

Problème – Problem

Pièce – Piece

Dit – Told

Savait – Knew

Passer – Pass

Depuis – Since

Haut – Top

Ensemble – Whole

Roi – King

Rue – Street

Pouce – Inch

Multiplier – Multiply

Rien – Nothing

Cours – Course

Rester – Stay

Roue – Wheel

Plein – Full

Force – Force

Bleu – Blue

Objet – Object

Décider – Decide

Surface – Surface

Profond – Deep

Lune – Moon

Île – Island

Pied – Foot

Système – System

Occupé – Busy

Test – Test

Record – Record

Bateau – Boat

Commun – Common

Or – Gold

Possible – Possible

Avion – Plane

Place – Stead

Sec – Dry

Se demander – Wonder

Rire – Laugh

Mille – Thousand

Il y a – There is

Courir – Run

Vérifier – Check

Jeu – Game

Forme – Shape

Assimiler – Assimilate

Chaud – Hot

Manquer – Miss

Apporté – Brought

Chaleur – Heat

Neige – Snow

Pneu – Tire

Apporter – Bring

Oui – Yes

Lointain – Distant

Remplir – Fill

Est – East

Peindre – Paint

Langue – Language

Entre – Among

QUIZ DE FIN DU CHAPITRE # 4

1. Comment dit-on *au-dessus* en anglais?

   ____

2. Que signifie *though*?

   ____

3. Traduisez *bientôt* en anglais.

   ____

4. Qu'est-ce que *half* signifie en français?

   ____

5. Écrivez le mot anglais pour dire *depuis*.

   ____

6. Comment dit-on *occupé* en anglais?

   ____

7. Traduisez le verbe *wonder* en français.

   ____

8. Quelle est la traduction du verbe *apporter* en anglais?

   ____

9. Que signifie *among* en français?

   ____

10. Traduisez le mot *chanson* en anglais.

   ____

Les réponses se trouvent à la fin du livre.

CHAPITRE 5: MOTS 401 – 500

Unité – Unit

Puissance – Power

Ville – Town

Fin – Fine

Certain – Certain

Voler – Fly

Tomber – Fall

Conduire – Drive

Cri – Scream

Sombre – Dark

Machine – Machine

Note – Note

Patienter – Wait

Plan – Plan

Figure – Figure

Étoile – Star

Boîte – Box

Nom – Noun

Domaine – Field

Reste – Rest

Correct – Correct

Capable – Able

Livre – Pound

Terminé – Done

Beauté – Beauty

Entraînement – Workout

Résisté – Stood

Contenir – Contain

Avant – Front

Enseigner – Teach

Semaine – Week

Finale – Final

Donné – Gave

Vert – Green

Oh – Oh

Rapide – Quick

Développer – Develop

Océan – Ocean

Chaud – Warm

Gratuit – Free

Minute – Minute

Fort – Strong

Spécial – Special

Esprit – Mind

Derrière – Behind

Clair – Clear

Queue – Tail

Produire – Produce

Fait – Fact

Espace – Space

Entendu – Heard

Meilleur – Best

Heure – Hour

Mieux – Better

Vrai – True

Pendant – During

Cent – Hundred

Cinq – Five

Rappeler – Remember

Étape – Step

Tôt – Early

Tenir – Hold

Ouest – West

Sol – Ground

Intérêt – Interest

Atteindre – Reach

Rapide – Fast

Verbe – Verb

Chanter – Sing

Écouter – Listen

Six – Six

Table – Table

Voyage – Travel

Moins – Less

Matin – Morning

Dix – Ten

Simple – Simple

Plusieurs – Several

Voyelle – Vowel

Vers – Toward

Guerre – War

Poser – Lay

Contre – Against

Modèle – Pattern

Lent – Slow

Centre – Center

Amour – Love

Personne – Person

Argent – Money

Éervir – Serve

Apparaître – Appear

Route – Road

Carte – Map

Pluie – Rain

Règle – Rule

Gouverner – Govern

Tirer – Pull

Froid – Cold

Avis – Notice

Voix – Voice

QUIZ DE FIN DU CHAPITRE # 5

1. Comment dit-on *tomber* en anglais?

    ____

2. Que signifie *wait*?

    ____

3. Traduisez *terminé* en anglais.

    ____

4. Qu'est-ce que le nom *workout* signifie en français?

    ____

5. Écrivez le mot anglais pour dire *gratuit*.

    ____

6. Comment dit-on *esprit* en anglais?

    ____

7. Traduisez *best* en français.

    ____

8. Quelle est la traduction du mot *pendant* en anglais?

    ____

9. Que signifie *early* en français?

    ____

10. Traduisez le mot *argent* en anglais.

    ____

Les réponses se trouvent à la fin du livre.

CHAPITRE 6: MOTS 501 – 600

Énergie – Energy

Chasse – Hunt

Probable – Probable

Lit – Bed

Frère – Brother

Œuf – Egg

Tour – Ride

Cellule – Cell

Croire – Believe

Peut-être – Maybe

Choisir – Pick

Soudain – Sudden

Compter – Count

Carré – Square

Raison – Reason

Longueur – Length

Représenter – Represent

Art – Art

Sujet – Subject

Région – Region

Taille – Size

Varier – Vary

Régler – Settle

Parler – Speak

Poids – Weight

Général – General

Glace – Ice

Question – Matter

Cercle – Circle

Paire – Pair

Inclure – Include

Fracture – Divide

Syllabe – Syllable

Feutre – Felt

Grandiose – Grand

Balle – Ball

Encore – Yet

Vague – Wave

Tomber – Drop

Cœur – Heart

Suis – Am

Présent – Present

Lourd – Heavy

Danse – Dance

Moteur – Engine

Position – Position

Bras – Arm

Large – Wide

Voile – Sail

Matériel – Material

Fraction – Fraction

Forêt – Forest

S'asseoir – Sit

Course – Race

Fenêtre – Window

Magasin – Store

Été – Summer

Train – Train

Sommeil – Sleep

Prouver – Prove

Seul – Alone

Jambe – Leg

Exercice – Exercise

Mur – Wall

Capture – Watch

Monture – Mount

Souhaiter – Wish

Ciel – Sky

Conseil – Board

Joie – Joy

Hiver – Winter

Sat – Sat

Écrit – Written

Sauvage – Wild

Instrument – Instrument

Conservé – Kept

Verre – Glass

Herbe – Grass

Vache – Cow

Emploi – Job

Bord – Edge

Signe – Sign

Visite – Visit

Passé – Past

Doux – Soft

Amusant – Fun

Clair – Bright

Gaz – Gas

Temps – Weather

Mois – Month

Million – Million

Porter – Bear

Finition – Finish

Heureux – Happy

Espoir – Hope

Fleur – Flower

Vêtir – Clothe

Étrange – Strange

Disparu – Gone

Commerce – Trade

QUIZ DE FIN DU CHAPITRE # 6

1. Comment dit-on *peut-être* en anglais?

   ____

2. Que signifie *bed*?

   ____

3. Traduisez *lourd* en anglais.

   ____

4. Qu'est-ce que le verbe *sit* signifie en français?

   ____

5. Écrivez le mot anglais pour dire *magasin*.

   ____

6. Comment dit-on *été* en anglais?

   ____

7. Traduisez *sleep* en français.

   ____

8. Quelle est la traduction du mot *seul* en anglais?

   ____

9. Que signifie *weather* en français?

   ____

10. Traduisez le mot *emploi* en anglais.

   ____

Les réponses se trouvent à la fin du livre.

CHAPITRE 7: MOTS 601 – 700

Mélodie – Melody

Voyage – Trip

Bureau – Office

Recevoir – Receive

Rangée – Row

Bouche – Mouth

Exact – Exact

Symbole – Symbol

Mourir – Die

Moins – Least

Difficulté – Trouble

Cri – Shout

Sauf – Except

Écrit – Wrote

Semence – Seed

Ton – Tone

Joindre – Join

Suggérer – Suggest

Propre – Clean

Pause – Break

Dame – Lady

Cour – Yard

Augmenter – Rise

Mauvais – Bad

Coup – Blow

Huile – Oil

Sang – Blood

Toucher – Touch

A augmenté – Grew

Cent - Hundred

Mélanger – Mix

Équipe – Team

Fil – Wire

Coût – Cost

Perdu – Lost

Brun – Brown

Porter – Wear

Jardin – Garden

Égal – Equal

Expédié – Sent

Choisir – Choose

Est tombé – Fell

S'adapter – Fit

Débit – Debit

Juste – Fair

Banque – Bank

Recueillir – Collect

Sauver – Save

Contrôle – Control

Décimal – Decimal

Oreille – Ear

Autre – Else

Tout à fait – Quite

Cassé – Broke

Cas – Case

Milieu – Middle

Tuer – Kill

Fils – Son

Lac – Lake

Moment – Moment

Échelle – Scale

Fort – Loud

Printemps – Spring

Observer – Observe

Enfant – Child

Droit – Straight

Consonne – Consonant

Nation – Nation

Dictionnaire – Dictionary

Lait – Milk

Vitesse – Speed

Méthode – Method

Organe – Organ

Payer – Pay

Âge – Age

Section – Section

Robe – Dress

Nuage – Cloud

Surprise – Surprise

Calme – Quiet

Pierre – Stone

Minuscule – Tiny

Montée – Climb

Frais – Cool

Conception – Design

Pauvre – Poor

Lot – Lot

Expérience – Experiment

Bas – Bottom

Clé – Key

Fer – Iron

Unique – Single

Bâton – Stick

Plat – Dish

Vingt – Twenty

Peau – Skin

Sourire – Smile

Pli – Crease

Trou – Hole

Sauter – Jump

QUIZ DE FIN DU CHAPITRE # 7

1. Comment dit-on *sauf* en anglais?

   ____

2. Que signifie *clean*?

   ____

3. Traduisez *pause* en anglais.

   ____

4. Qu'est-ce que le nom *yard* signifie en français?

   ____

5. Écrivez le mot anglais pour dire *équipe*.

   ____

6. Comment dit-on *huile* en anglais?

   ____

7. Traduisez le nom *dress* en français.

   ____

8. Quelle est la traduction de *lait* en anglais?

   ____

9. Que signifie *dish* en français?

   ____

10. Traduisez le mot *sourire* en anglais.

    ____

Les réponses se trouvent à la fin du livre.

CHAPITRE 8: MOTS 701 – 800

Bébé – Baby

Huit – Eight

Village – Village

Rencontrer – Meet

Racine – Root

Acheter – Buy

Augmenter – Raise

Résoudre – Solve

Métal – Metal

Si – Whether

Pousser – Push

Sept – Seven

Paragraphe – Paragraph

Troisième – Third

Doit – Shall

En attente – Waiting

Cheveux – Hair

Décrire – Describe

Cuisinier – Cook

Étage – Floor

Chaque – Either

Résultat – Result

Brûler – Burn

Colline – Hill

Coffre-fort – Safe

Chat – Cat

Siècle – Century

Envisager – Consider

Type – Type

Droit – Law

Peu – Bit

Côte – Coast

Copie – Copy

Phrase – Phrase

Silencieux – Silent

Haut – Tall

Sable – Sand

Sol – Soil

Rouleau – Roll

Température – Temperature

Doigt – Finger

Industrie – Industry

Valeur – Value

Lutte – Fight

Mensonge – Lie

Battre – Beat

Exciter – Excite

Naturel – Natural

Vue – View

Sens – Sense

Capital – Capital

Ne sera pas – Won't

Chaise – Chair

Danger – Danger

Fruit – Fruit

Riche – Rich

Épais – Thick

Soldat – Soldier

Processus – Process

Fonctionner – Operate

Pratique – Practice

Séparé – Separate

Difficile – Difficult

Médecin – Doctor

S'il-vous-plaît – Please

Protéger – Protect

Midi – Noon

Récolte – Crop

Moderne – Modern

Élément – Element

Frapper – Hit

Étudiant – Student

Coin – Corner

Fête – Party

Alimentation – Supply

Dont – Whose

Localiser – Locate

Anneau – Ring

Caractère – Character

Insecte – Insect

Pris – Caught

Période – Period

Indiquer – Indicate

Radio – Radio

Rayon – Ray

Atome – Atom

Humain – Human

Histoire – History

Effet – Effect

Électrique – Electric

Attendre – Expect

Os – Bone

Rail – Rail

Imaginer – Imagine

Fournir – Provide

Se mettre d'accord – Agree

Ainsi – Thus

Doux – Gentle

Femme – Woman

Capitaine – Captain

QUIZ DE FIN DU CHAPITRE # 8

1. Comment dit-on *cheveux* en anglais?

    ____

2. Que signifie *tall*?

    ____

3. Traduisez *rencontrer* en anglais.

    ____

4. Qu'est-ce que le nom *floor* signifie en français?

    ____

5. Écrivez le verbe anglais pour dire *acheter*.

    ____

6. Comment dit-on *midi* en anglais?

    ____

7. Traduisez *describe* en français.

    ____

8. Quelle est la traduction du mot *étudiant* en anglais?

    ____

9. Que signifie *push* en français?

    ____

10. Traduisez le mot *médecin* en anglais.

    ____

Les réponses se trouvent à la fin du livre.

CHAPITRE 9: MOTS 801 - 900

Deviner – Guess

Nécessaire – Necessary

Net – Sharp

Aile – Wing

Créer – Create

Voisin – Neighbor

Lavage – Wash

Chauve-souris – Bat

Plutôt – Rather

Foule – Crowd

Blé – Corn

Comparer – Compare

Poème – Poem

Chaîne – String

Cloche – Bell

Dépendre – Depend

Viande – Meat

Frotter – Scrub

Tube – Tube

Célèbre – Famous

Dollar – Dollar

Courant – Stream

Peur – Fear

Vue – Sight

Mince – Thin

Triangle – Triangle

Planète – Planet

Se dépêcher – Hurry

Chef – Chief

Colonie – Colony

Horloge – Clock

Mine – Mine

Lien – Tie

Entrer – Enter

Majeur – Major

Frais – Fresh

Recherche – Search

Envoyer – Send

Jaune – Yellow

Pistolet – Gun

Permettre – To allow

Impression – Print

Mort – Dead

Place – Spot

Désert – Desert

Costume – Suit

Courant – Current

Ascenseur – Lift

Rose – Rose

Arriver – Arrive

Maître – Master

Piste – Track

Parent – Parent

Rivage – Shore

Division – Division

Feuille – Sheet

Substance – Substance

Favoriser – Favor

Relier – Connect

Poste – Post

Passer – Spend

Corde – Chord

Graisse – Fat

Heureux – Glad

Original – Original

Part – Share

Station – Station

Papa – Dad

Pain – Bread

Charger – Charge

Propre – Proper

Bar – Bar

Proposition – Offer

Segment – Segment

Esclave – Slave

Canard – Duck

Instant – Instant

Marché – Market

Degré – Degree

Peupler – Populate

Poussin – Chick

Cher – Expensive

Ennemi – Enemy

Répondre – Reply

Boisson – Drink

Se produire – Occur

Support – Support

Discours – Speech

Nature – Nature

Gamme – Range

Vapeur – Steam

Mouvement – Motion

Chemin – Path

Liquide – Liquid

Enregistrer – Log

Signifiait – Meant

Quotient – Quotient

Dents – Teeth

Coquille – Shell

Cou – Neck

QUIZ DE FIN DU CHAPITRE # 9

1. Comment dit-on *nécessaire* en anglais?

   ____

2. Que signifie *neighbor*?

   ____

3. Traduisez *se dépêcher* en anglais.

   ____

4. Qu'est-ce que le verbe *to send* signifie en français?

   ____

5. Écrivez le mot anglais pour dire *mort*.

   ____

6. Comment dit-on *chemin* en anglais?

   ____

7. Traduisez *bread* en français.

   ____

8. Quelle est la traduction du mot *marché* en anglais?

   ____

9. Que signifie *reply* en français?

   ____

10. Traduisez le mot *cher* en anglais.

   ____

Les réponses se trouvent à la fin du livre.

CHAPITRE 10: MOTS 901 – 1000

Oxygène – Oxygen

Sucre – Sugar

Décès – Death

Assez – Pretty

Compétence – Skill

Femmes – Women

Saison – Season

Solution – Solution

Aimant – Magnet

Argent – Silver

Merci – Thank you

Branche – Branch

Rencontre – Match

Suffixe – Suffix

Particulièrement – Especially

Figue – Fig

Peur – Afraid

Énorme – Huge

Sœur – Sister

Acier – Steel

Discuter – Discuss

Avant – Forward

Similaire – Similar

Guider – Guide

Expérience – Experience

Score – Score

Pomme – Apple

Acheté – Bought

Led – Led

Pas – Pitch

Manteau – Coat

Masse – Mass

Carte – Card

Bande – Band

Corde – Rope

Glissement – Slip

Gagner – Win

Rêver – Dream

Soirée – Evening

Condition – Condition

Alimentation – Food

Outil – Tool

Total – Total

De base – Basic

Odeur – Smell

Vallée – Valley

Ni – Nor

Double – Double

Siège – Seat

Continuer – Continue

Bloc – Block

Graphique – Chart

Chapeau – Hat

Vendre – Sell

Succès – Success

Entreprise – Company

Soustraire – Subtract

Événement – Event

Particulier – Particular

Accord – Deal

Baignade – Swim

Terme – Term

Opposé – Opposite

Femme – Wife

Chaussure – Shoe

Épaule – Shoulder

Propagation – Spread

Organiser – Arrange

Camp – Camp

Inventer – Invent

Coton– Cotton

Né – Born

Déterminer – Determine

Litre – Quart

Neuf – Nine

Camion – Truck

Bruit – Noise

Niveau – Level

Chance – Chance

Recueillir – Gather

Boutique – Shop

Étendue – Stretch

Jeter – Throw

Éclat – Shine

Propriété – Property

Colonne – Column

Molécule – Molecule

Sélectionner – Select

Mal – Wrong

Gris – Gray

Répétition – Repeat

Exiger – Require

Large – Broad

Préparer – Prepare

Sel – Salt

Nez – Nose

Pluriel – Plural

Colère – Anger

Revendication – Claim

Continent – Continent

QUIZ DE FIN DU CHAPITRE # 10

1. Comment dit-on *saison* en anglais?

   ____

2. Que signifie *especially*?

   ____

3. Traduisez *énorme* en anglais.

   ____

4. Qu'est-ce que *apple* signifie en français?

   ____

5. Écrivez le mot anglais pour dire *carte*.

   ____

6. Comment dit-on *siège* en anglais?

   ____

7. Traduisez *born* en français.

   ____

8. Quelle est la traduction du mot *chapeau* en anglais?

   ____

9. Que signifie *sell* en français?

   ____

10. Traduisez le mot *événement* en anglais.

    ____

Les réponses se trouvent à la fin du livre.

CONCLUSION

Vous avez atteint la fin du livre. C'est fantastique. Je tiens à vous féliciter d'avoir pris l'initiative d'apprendre une nouvelle langue d'une manière différente et très efficace et d'avoir suivi tout le processus. J'espère que ces 1000 mots vous donneront la confiance nécessaire pour franchir la prochaine étape de votre apprentissage de l'anglais.

Je vous encourage fortement à regarder des films et des émissions de télévision en anglais avec des sous-titres et laissez-vous étonner par le nombre de mots prononcés à l'écran que vous connaissez et comprenez. Écouter des podcasts, des vidéos Youtube et des nouvelles en anglais peut également être un moyen puissant de se familiariser avec la façon dont les gens interagissent les uns avec les autres, les expressions et expressions couramment utilisées dans différentes parties du monde, l'utilisation et la conjugaison des verbes dans les phrases, etc.

Si vous avez la possibilité de visiter ou de vivre dans un pays anglophone, que ce soit en Angleterre, au Canada, en Australie ou aux États-Unis, vous vivrez de première main le plaisir exquis de l'immersion totale et pourrez pratiquer vos 1000 mots avec les locaux. Apprendre une nouvelle langue dans le confort de votre voiture ou de votre maison demeure formidable, mais connaître une langue reste théorique et abstrait à moins de l'appliquer et de la vivre dans votre vie quotidienne. Vous êtes maintenant prêt à sortir et à le faire. Vous disposez de tous les outils nécessaires pour débloquer un nouveau monde culturel qui n'est accessible qu'à ceux qui sortent de leur zone de confort et essaient. Ne craignez pas l'embarras. Les gens apprécient lorsque les étrangers font un effort pour connecter et parler avec eux dans leur langue maternelle. N'oubliez pas que l'apprentissage des langues reste un processus continu, et ceux qui choisissent de l'approcher avec un état d'esprit ouvert finissent souvent par être les plus performants avec l'acquisition de la langue à long terme.

Vous vous lancez dans un beau voyage, et je suis très humble et reconnaissant d'avoir pu suivre le début de ce chemin avec vous.

Bonne continuation.

Résultats des Quiz de Fin de Chapitre

Résultats Quiz Chapitre 1

1. As
2. À partir de
3. Need
4. Hommes
5. Here
6. Home
7. Suivre
8. Want
9. Genre
10. Light

Résultats Quiz Chapitre 2

1. Work
2. Seulement
3. Through
4. Déménagement
5. Same
6. There

7. Personnes

8. Water

9. Chose

10. Now

Résultats Quiz Chapitre 3

1. Learn

2. Jamais

3. Thought

4. Histoire

5. Far

6. Night

7. Chambre

8. Stop

9. Ensemble

10. Both

Résultats Quiz Chapitre 4

1. Above

2. Bien que

3. Soon

4. Moitié

5. Since

6. Busy

7. Se demander

8. Bring

9. Entre

10. Song

Résultats Quiz Chapitre 5

1. Fall

2. Patienter

3. Done

4. Entraînement

5. Free

6. Mind

7. Meilleur

8. During

9. Tôt

10. Money

Résultats Quiz Chapitre 6

1. Maybe
2. Lit
3. Heavy
4. S'asseoir
5. Store
6. Summer
7. Sommeil
8. Alone
9. Temps
10. Job

Résultats Quiz Chapitre 7

1. Except
2. Propre
3. Break
4. Cour
5. Team
6. Oil
7. Robe
8. Milk
9. Plat
10. Smile

Résultats Quiz Chapitre 8

1. Hair
2. Haut
3. Meet
4. Étage
5. Buy
6. Noon
7. Décrire
8. Student
9. Pousser
10. Doctor

Résultats Quiz Chapitre 9

1. Necessary
2. Voisin
3. Hurry
4. Envoyer
5. Dead
6. Path
7. Pain

8. Market

9. Répondre

10. Expensive

Résultats Quiz Chapitre 10

1. Season

2. Particulièrement

3. Huge

4. Pomme

5. Card

6. Seat

7. Né

8. Hat

9. Vendre

10. Event

www.ingramcontent.com/pod-product-compliance
Lightning Source LLC
Chambersburg PA
CBHW031217160726
47992CB00006B/2784